Iain McGilchrist

El cerebro dividido

Maneras de prestar atención
y construir el mundo

Traducción del inglés
de Fernando Mora

Título original:
WAYS OF ATTENDING:
How Our Divided Brain Constructs the World

© 2019 by Iain McGilchrist

© de la edición en castellano:
2024 by Editorial Kairós, S.A.
www.editorialkairos.com

© de la traducción del inglés al castellano:
Fernando Mora
Traducción autorizada por acuerdo con Routledge,
un sello de Taylor & Francis Group.

Fotocomposición: Florence Carreté
Diseño cubierta: Katrien Van Steen

Primera edición: Septiembre 2024
ISBN: 978-84-1121-287-8
Depósito legal: B 9.969-2024

Impresión y encuadernación:
Romanyà-Valls. 08786 Capellades

Todos los derechos reservados. No está permitida la reproducción
total ni parcial de este libro, ni la recopilación en un sistema
informático, ni la transmisión por medios electrónicos, mecánicos,
por fotocopias, por registro o por otros métodos, salvo de breves
extractos a efectos de reseña, sin la autorización previa y por
escrito del editor o el propietario del *copyright*.

El cerebro dividido

SUMARIO

Nota del editor 9

Introducción 17

El maestro y su emisario 21

Las diferencias interhemisféricas 27

El cerebro dividido y la evolución
del lenguaje 35

La naturaleza de la atención 41

Cómo nuestro cerebro dividido
construye el mundo 47

La primacía del hemisferio derecho 63

El triunfo del hemisferio izquierdo 69

Bibliografía 77

NOTA DEL EDITOR

Tal vez el tema de la atención
nos parezca un tanto tedioso,
pero no lo es en absoluto.
No se trata de una mera
«función cognitiva»,
sino nada más y nada menos
que de la forma en que
nos relacionamos con el mundo.

Iain McGilchrist,
El cerebro dividido

En esta convincente introducción a su obra, Iain McGilchrist desgrana uno de los conceptos clave de su innovadora exploración de la lateralización cerebral y su impacto en la cultura humana, *The Master and his Emissary: The Divided Brain and the Making of the Western World* (McGilchrist, 2009). Como ha señalado el profesor Louis Sass, ese libro está considerado uno de los textos más importantes e influyentes del siglo XXI, una obra de «relevancia cultural e intelectual absolutamente decisiva».

El concepto de atención ocupa un lugar fundamental en el planteamiento de McGilchrist. Tal como señala, «la atención no es una "función" más junto a otras funciones cognitivas», sino que el *tipo* de atención que prestamos al mundo altera la naturaleza del mundo al que prestamos atención: «La atención cambia el tipo de cosa que se nos aparece: de ese modo, transforma el mundo» (2009, pág. 28). En todas las modalidades de relación que encontramos y experimentamos, desde la crianza de los hijos y la enseñanza hasta la terapia, el arte, la filosofía, la ciencia y el compromiso político, observamos en la atención esa faceta transformadora o de «modificación del mundo». Por ese motivo, ajustar nuestra manera de prestar atención tiene efectos profundos y de amplio alcance. De hecho, podríamos denominar a esta sorprendente capacidad «el efecto de la atención», en tanto considerable fenómeno, en su propio ámbito, comparable al reconocimiento en el campo de la física cuántica de cómo el mismo acto de observación cambia aquello que está siendo observado.

Como es abajo, es arriba: el teólogo Jacob Needleman ha señalado de manera perspicaz que «la cualidad de la atención en el ser humano es la clave del sentido de nuestra vida y del posible desarrollo de nuestro ser» (2009, pág. 204). Esto se debe a que «yo soy mi atención. Todo lo demás nos es dado, no es nuestro» (pág. 205). Las nuevas tecnologías digitales de la moderna «economía de la atención» −donde la mirada humana se monetariza cada vez más y se explota como un recurso− también reconocen el papel único que desempeña la atención, lo que apunta de nuevo a la posición central que ocupa en el paisaje del siglo XXI. A medida que los productores de contenidos compiten por atraer nuestra atención e implicación emocional, «la batalla por la atención crea lo que el especialista en ética tecnológica Tristan Harris denomina "una carrera hacia el fondo del tronco encefálico"» (Rose-Stockwell, 2017).

Los hemisferios cerebrales izquierdo y derecho desempeñan un papel vital y fundamental en esta situación, puesto que median y proporcionan −de hecho encarnan− dos modalidades atencionales discretas y diferenciadas. Como observa McGilchrist (2009), «cada hemisferio atiende al mundo de modo distinto, y ambos modos son coherentes» (pág. 27): «Mi tesis es que, en el caso de los seres humanos, existen dos realidades diametralmente opuestas, dos modos diferentes de experiencia; que cada uno de ellos tiene una importancia fundamental a la hora de generar el mundo reconociblemente humano; y que su diferencia arraiga en la estructura bihemisférica del cerebro» (pág. 3). En un mundo cada vez más dominado por una modalidad particular de atención, arraigada en el hemisferio cerebral izquierdo y promovida por este, modificar de manera consciente nuestro modo habitual de prestar atención en aras de un modo basado en un sentido más integrado, empático, relacional y encarnado de las relaciones puede tener consecuencias drásticas, tal vez incluso revolucionarias.

Además de su extraordinario alcance y sutileza de análisis, lo más sorprendente de la obra de McGilchrist es lo hábilmente que integra ambas modalidades de compromiso, captando y reflejando en la propia estructura de su argumentación la función descrita, entrelazando la neurociencia con las humanidades, lo interno con lo externo, combinando un análisis detallado y preciso con un contexto cultural y contextual amplio e inmensamente rico. En ese sentido, el presente libro es en sí mismo una notable encarnación de nuestras dos distintas formas de atender.

Este trabajo explora, de la manera más abierta y accesible posible, los temas y las cuestiones clave de la obra de McGilchrist. Por ese motivo, se han reducido al mínimo las referencias académicas: las referencias completas y los ejemplos clínicos pueden encontrarse en el libro *The Master and his Emissary*.

ROD TWEEDY

INTRODUCCIÓN

En algún lugar, hay una historia de Nietzsche que nos relata lo siguiente. Había una vez un sabio maestro espiritual −conocido por su abnegada devoción a su pueblo− que gobernaba un pequeño pero próspero dominio. A medida que su pueblo iba progresando y creciendo en número, los límites de este pequeño dominio se extendieron, y con ello la necesidad de confiar de manera implícita en los emisarios que enviaba para garantizar la seguridad de zonas cada vez más distantes. No era solo que le resultara imposible atender a todo lo que debía tratar personalmente, sino que, como sabiamente entendía, necesitaba mantener las distancias e incluso permanecer ignorante de ese tipo de preocupaciones. Por ese motivo, educaba y formaba cuidadosamente a sus emisarios, para poder confiar en ellos. Sin embargo, conforme iba transcurriendo el tiempo, su ministro más inteligente y ambicioso, en quien más confiaba para desempeñar su trabajo, empezó a considerarse a sí mismo como el maestro y a utilizar su posición para promover su propia riqueza e influencia. Consideraba que la templanza y la indulgencia de su señor no eran una muestra de sabiduría sino de debilidad, y en sus misiones en nombre del maestro adoptaba su manto como propio: el emisario llegó a despreciar a su señor. Y fue así como el maestro terminó siendo usurpado, la gente engañada, el dominio se convirtió en una tiranía y finalmente terminó derrumbándose.

Considero que esta historia, tan antigua como la humanidad, nos transmite algo importante acerca de lo que ocurre en nuestro interior, en nuestro cerebro. Ahora mismo se reproduce en el mundo que nos rodea y, puesto que las consecuencias son realmente graves, tenemos que entender de qué se trata.

EL MAESTRO Y SU EMISARIO

La historia de la relación entre la estructura del cerebro y su influencia en la cultura occidental es el tema de mi libro, publicado en el año 2009, *The Master and his Emissary: The Divided Brain and the Making of the Western World*. Intentaré ahora transmitir una idea de cómo surgió este libro, ya que será de interés para quienes no pertenecen al mundo de la neurociencia.

La idea de escribirlo se remonta a hace más de veinticinco años, una época anterior a que empezase incluso a estudiar medicina. Me inquietaban los problemas del estudio académico de la literatura, que era lo que me ocupaba entonces: ¿por qué las cosas que apreciamos en la obra de un gran poeta, por ejemplo, se convierten en algo insignificante cuando tratamos de analizarlas de manera más pormenorizada? En el análisis y la discusión explícita, la singularidad de la obra, que reside en esas mismas cualidades tan valoradas, parece estar formada tan solo por un puñado de imperfecciones. Empecé entonces a pensar negativamente de la perfección. Todo el proceso de la crítica literaria (si no quería verse seriamente perturbado) parecía implicar de manera ineludible la explicitación de lo que debía permanecer implícito, sustituyendo la irreductible singularidad de la obra artística por palabras y pensamientos generales que uno podría obtener casi en cualquier otro lugar y reemplazando al ser encarnado que tenemos ante nosotros por una serie de abstracciones, un mensaje codificado del que el autor no es consciente. De ese modo, intelectualizamos lo que debería seguir siendo la «interrelación» de dos seres vivos, siendo el resultado una especie de conocimiento superior que traduce la inocencia del trabajo. Y, aunque de ello emerge algo de innegable interés, sin embargo, se abunda al mismo tiempo en una incomprensión sutil.

El quid de la cuestión parecía ser un malentendido de lo que se *encarna*, tanto en nosotros como en la obra de arte, es decir, en el mundo que creamos para nosotros mismos. Emprendí entonces el estudio de lo que en ese momento se consideraba el «problema mente-cuerpo», pero encontré que el enfoque de los filósofos era demasiado desencarnado. (Aún no conocía a los filósofos europeos –en particular Merleau-Ponty– que eran conscientes de esta dificultad y la convertían en el centro de su trabajo; en aquella época, en Oxford, se ignoraba neciamente a dichos filósofos). Decidí formarme en medicina y adquirir, en la medida de lo posible, experiencia de primera mano sobre cómo cerebro y cuerpo afectan realmente a la mente, y de qué manera la mente afecta al cerebro y al cuerpo.

Concluida mi formación, fui a Maudsley, donde, en 1990, tuve la suerte de escuchar a John Cutting impartir una conferencia acerca del hemisferio cerebral derecho, un tema del que se podía decir con justicia que era una autoridad mundial y acerca del cual terminaba de publicar un importante libro. Y me quedé asombrado. Me habían enseñado que −como señaló un destacado neurocientífico− el hemisferio derecho estaba tan dotado como un chimpancé. Pero resultó que, en base no ya a especulaciones, sino a una minuciosa observación de lo que le ocurría a la gente con algún tipo de lesión en el hemisferio derecho, este es crucial para la salud mental.

Por ese motivo, si bien en la mayoría de las personas la pérdida de la función del hemisferio izquierdo afecta al habla y al uso de su mano principal, las perspectivas de los sujetos aquejados de alguna lesión en el hemisferio derecho son peores que las de los que tienen dañado el izquierdo. También resultó que el hemisferio derecho tenía una capacidad –para comprender lo implícito, para apreciar la singularidad, para lo encarnado por encima de lo meramente conceptual, para lo ambiguo por encima de lo seguro– de la que carecía el hemisferio izquierdo. Existen incluso evidencias de que el hemisferio izquierdo mantiene una actitud más confiada y privilegiada que el derecho hacia lo que constituye su «sujeto». ¿Tendría esto algo que ver con mi insatisfacción con el proceso de la crítica literaria? Me dediqué entonces a recabar información.

LAS DIFERENCIAS INTERHEMISFÉRICAS

Algunos de ustedes ya estarán pensando: esta no será de nuevo la vieja historia acerca de los hemisferios, ¿verdad? A pesar de que muchos célebres neurocientíficos reconocen con frecuencia que parecen existir diferencias fundamentales entre ambos hemisferios, y a pesar de algunos atisbos tentadores, los científicos han renunciado en buena medida a tratar de determinar cuáles podrían ser dichas diferencias, ya que la información recabada demuestra que todas las actividades que podamos concebir −lenguaje, imágenes visuales y todas las cosas que en el pasado pensábamos que distinguían la derecha de la izquierda− son llevadas a cabo por ambos hemisferios y no solo por uno de ellos. El problema es que, por lo general, consideramos que el cerebro desempeña determinadas «funciones», y también creemos que esas funciones son compartidas por los dos hemisferios. No obstante, si no nos fijamos en lo que hace el cerebro, como si fuera una máquina, sino en cómo lo hace −es decir, «de qué manera»−, como si formara parte de una persona viva, empiezan a aparecer diferencias muy importantes y forjamos una imagen que nos transmite cosas sorprendentes acerca de nuestro mundo y de nosotros mismos. Mi opinión es que la relación entre ambos hemisferios, como en la historia del maestro y su emisario, es asimétrica. Cada uno necesita del otro y ambos tienen un papel importante que desempeñar. Pero esos papeles no son iguales: uno depende más del otro y debe ser consciente de esa realidad. Así pues, no voy a argumentar algo tan fácil como que el hemisferio izquierdo está «equivocado» en lo que ve o valora. No lo está, pero su visión es necesariamente limitada. El problema aparece con su falta de atención a ese hecho.

La primera cuestión es la siguiente: ¿por qué el cerebro está dividido? Si el propósito general del cerebro es establecer conexiones, y si, como muchos creen, la conciencia emerge −de algún modo todavía por determinar− a partir de la pura interconexión de un conjunto tan vasto de neuronas, ¿por qué seccionarlo por la mitad? Podría haber evolucionado como una sola masa. Pero, de hecho, encontramos la división hemisférica en todo el árbol filogenético. Así pues, sea por el motivo que sea, debe funcionar, no solo en el caso del ser humano, sino también en lo que concierne a animales y aves. Pero ¿por qué ocurre de ese modo?

Y, adoptando un enfoque más preciso, ¿por qué el cerebro humano es asimétrico? Existe una protuberancia en la zona posterior del lado izquierdo, tradicionalmente asociada con el desarrollo del lenguaje. Pero lo que es menos conocido es que también hay una protuberancia en la parte delantera derecha, como si el cerebro hubiera recibido un giro algo brusco desde abajo en el sentido de las agujas del reloj. ¿Cuál es la explicación?

Pues bien, la protuberancia izquierda es más enigmática de lo que parece. De entrada, no es posible que, en el ser humano, el lenguaje necesitara ubicarse en un solo lugar y, al tener que estar en algún sitio, se instaló en el hemisferio izquierdo, donde provocó la expansión del córtex. Para empezar, como nos explica la neurociencia, todo −y eso incluye el lenguaje− ocurre en ambos hemisferios. Hay aspectos importantes del lenguaje que también son atendidos por el hemisferio derecho, de manera que no puede tratarse de tenerlo todo «en el mismo lugar». En cualquier caso, resulta que los chimpancés y los grandes simios en general también muestran esta protuberancia en el lado izquierdo, aunque carezcan de lenguaje en el sentido humano. Y el examen del desarrollo de los cráneos humanos anteriores al desarrollo del lenguaje también evidencia lo anterior. Debe entonces haber algo más, pero ¿de qué se trata?

Tal vez digamos: «No se trata de nada importante, sino tan solo de una casualidad». Pero eso sería un hallazgo sumamente extraño. En la naturaleza, estructura y función van de la mano. Un buen ejemplo de ello es que el hemisferio izquierdo (el centro del «lenguaje») en los pájaros cantores se expande durante la época de celo y vuelve a contraerse cuando dejan de cantar. Y el hipocampo derecho, donde almacenamos lo que sabemos sobre la exploración visoespacial del entorno, aumenta de tamaño en los taxistas londinenses cuando adoptan «el

Conocimiento».* De ese modo, debemos suponer que esa estructura tiene un sentido desde el punto de vista de la función.

Tal vez tenga que ver con la lateralidad. Pero ¿por qué existe la destreza manual? La adquisición de habilidades no es como colocar libros en una estantería: que cuantos más se pongan en un extremo, menos habrá en el otro. No, podríamos tener dos manos con idéntica habilidad. Y, además, si bien los simios presentan la protuberancia del lado izquierdo, no muestran la lateralidad de la misma forma que nosotros, de manera que tampoco puede ser esa la razón. La trama se complica cuando uno se da cuenta de que la

---

* Los taxistas de Londres tienen que superar una durísima prueba, denominada The Knowledge [el Conocimiento], para obtener la licencia. Y consiste en memorizar 25.000 calles y miles de lugares. El aprendizaje medio insume un periodo de tres a cuatro años y solo la mitad de los aspirantes aprueba. (N. del T.)

ventaja relativa del hemisferio izquierdo/ mano derecha no es, después de todo, el resultado de un incremento funcional general en el hemisferio izquierdo, sino de una *desventaja deliberada* del derecho. Hay varias líneas de investigación que lo demuestran con bastante claridad. Según parece, nuestras explicaciones convencionales no se sostienen.

Con la misma claridad, el lenguaje y el dominio de la mano derecha, ahora que los tenemos, se hallan estrechamente asociados con el hemisferio izquierdo y tienen muchas cosas en común: por ese motivo, no pueden ser la causa. La causa debe estar en otra parte. El lenguaje y la lateralidad son los «síntomas», pero no la explicación, de las diferencias entre los hemisferios.

EL CEREBRO DIVIDIDO Y LA EVOLUCIÓN DEL LENGUAJE

Si nos fijamos ahora en la evolución del lenguaje, encontraremos más enigmas. ¿Por qué tenemos lenguaje? Seguramente para comunicarnos. Y si no, al menos para pensar. Pero ninguna de esas afirmaciones es válida.

El hecho de que los humanos hablemos depende de la evolución, no solo del cerebro, sino también del aparato articulatorio —laringe, lengua, etcétera— y del control respiratorio. Por ese motivo, las aves son capaces de imitar el habla humana, mientras que los simios, nuestros parientes más cercanos, no pueden hacerlo: las aves disponen del equipamiento necesario para cantar. Gracias a un fascinante trabajo detectivesco, sabemos, a partir de la observación de esqueletos humanos, cuándo se desarrollaron los mecanismos necesarios para controlar la lengua y la laringe, así como los músculos de la respiración. Y resulta ser en una época muy anterior —como también indican otras evidencias— a cuando creemos que desarrollamos el lenguaje. Entonces ¿para qué servía este desarrollo?

La respuesta, según muchos antropólogos, parece ser: para cantar. Puede resultarnos extraño, porque estamos acostumbrados a pensar en la música como algo periférico. Pero, de hecho, la «música» del habla —en el sentido de la entonación y lo que no es «solo» el contenido, junto con otras formas de comunicación no verbal— constituye la mayor parte de lo que comunicamos, cuando lo hacemos. El lenguaje denotativo no es imprescindible para la comunicación yo-tú. Y la música depende en gran medida del hemisferio derecho, mientras que los elementos del habla que nos capacitan para entender realmente el significado de una declaración en niveles superiores —incluyendo la entonación, la ironía, la metáfora y el significado de un enunciado en su contexto— también son llevados a cabo por el hemisferio derecho. El lenguaje denotativo se torna imprescindible cuando tenemos proyectos: cuando necesitamos comunicarnos acerca de un tercero o sobre cosas que no están presentes en ese momento, es decir, amplía enormemente nuestra capacidad de manipulación o lo que podríamos denominar comunicación «yo-ello». En consecuencia, ese tipo de lenguaje no es imprescindible para la comunicación en sí, sino para un determinado tipo de comunicación. Asimismo, existen numerosas evidencias de que no necesitamos el lenguaje para pensar, ni siquiera para conceptualizar. Un ejemplo bastante maravilloso es, lo creamos o no, que las palomas son capaces de distinguir entre un Picasso y un Monet, sin disponer de ningún lenguaje con el que hacerlo (Cerella, 1980; Matsukawa, Inoue y Jitsumori, 2004; Watanabe, Sakamoto y Wakita, 1995). Pero también sabemos que las tribus que no tienen números por encima del «tres» pueden calcular perfectamente hasta cifras mucho mayores y comprender conceptos que no pueden expresar con palabras. El lenguaje no es imprescindible para pensar, sino solo para cierto tipo de pensamiento. ¿Para qué sirve entonces?

En mi opinión, el lenguaje y la mano tienen un objetivo común, que es permitirnos comprender las cosas, determinarlas y darles utilidad. Y es innegable que han cumplido esa función con creces. Nos han ayudado a utilizar el mundo y, al hacerlo, desarrollar muchas de las cosas de las que nos sentimos justamente orgullosos, los frutos de la civilización. Pero este tipo de aproximación al mundo tiene un precio, y eso nos lleva de nuevo a la cuestión de por qué ambos hemisferios están separados.

LA NATURALEZA
DE LA ATENCIÓN

Volvamos ahora a las aves y los llamados animales inferiores. ¿Qué sabemos de las diferencias entre ambos hemisferios? Lo primero que se puede decir es que parecen desarrollar distintos tipos de atención. Tal vez el tema de la atención nos parezca un tanto tedioso, pero no lo es en absoluto. No se trata de una mera «función cognitiva», sino nada más y nada menos que de la forma en que nos relacionamos con el mundo. Y no solo dicta el tipo de relación que mantenemos con cualquier cosa, sino que también *dicta aquello con lo que llegamos a relacionarnos*.

Para seguir vivas, las aves tienen que resolver un problema: deben ser capaces de alimentarse y, al mismo tiempo, prestar atención a los depredadores. ¿Cómo van a concentrarse bien en lo que hacen cuando intentan separar ese grano de semilla de la arenilla sobre la que yace y, al mismo tiempo, mantener la atención lo más abierta posible a lo que pueda haber, para evitar convertirse en comida? Es un poco como intentar darse palmaditas en la cabeza y frotarse el estómago al mismo tiempo, pero peor, porque es imposible. Lo que sabemos es que la diferencia atencional entre ambos hemisferios torna posible lo aparentemente imposible. Los pájaros prestan mucha atención con el ojo derecho (hemisferio izquierdo) a lo que están comiendo, mientras mantienen su ojo izquierdo (hemisferio derecho) atento a los depredadores. Al mismo tiempo, las aves y los animales se sirven del ojo izquierdo (hemisferio derecho) para establecer vínculos con otros de su especie. Y esta diferencia persiste a medida que evolucionamos. De hecho, según parece, el hemisferio izquierdo se especializa en una suerte de atención fragmentaria que nos ayuda a hacer uso del mundo, si bien al funcionar de esa manera altera nuestra relación con él. De igual modo, el hemisferio derecho presta una atención amplia y abierta que nos permite conectar con el mundo —y, en el caso del ser humano, empatizar— y con lo que es distinto de nosotros mismos.

Ambas modalidades de atención son incompatibles entre sí, aunque debemos ser capaces de emplear las dos al mismo tiempo. Debido al desarrollo de los lóbulos frontales, que nos permiten abstraernos del mundo, la necesidad de especialización es mayor en los seres humanos. A medida que nos distanciamos del mundo, lo percibimos como algo separado de nosotros, como algo que podemos *utilizar*, o bien todo lo contrario, como algo conectado con nosotros más profundamente: podemos ver a los demás, por primera vez, como seres iguales que nosotros, lo que constituye la base de la empatía. Ser capaces de representarse el mundo artificialmente, de cartografiarlo de modo conceptual, sustituyendo los objetos por señales, como el mapa del general en el cuartel militar, nos permite obtener una estrategia global, y eso es lo que facilita el lenguaje. Sin embargo, también nos impide estar *presentes*, en el mundo de la experiencia, alejándonos de las cosas. Por ese motivo, para el ser humano es primordial disponer de ambas formas de comprender el mundo y, al mismo tiempo, mantenerlas separadas. Y resulta que, en los seres humanos, el cuerpo calloso, la banda de tejido que conecta ambos hemisferios, no solo vincula sino que también inhibe, estando más relacionada con el proceso de inhibición, con mantener las cosas separadas.

Entonces, ¿para qué sirve la expansión del hemisferio izquierdo en los simios? Tiene que ver con su capacidad para formar conceptos, para manipular mejor el mundo. Y eso es algo que también ocurre en los seres humanos, donde se relaciona con nuestra facultad de lenguaje y, literalmente, con la manipulación llevada a cabo por la mano derecha. Y la protuberancia frontal derecha de los humanos, y de algunos simios, está asociada con una serie de «funciones», que nos distinguen de otros animales, relacionadas con nuestra capacidad de empatía: en íntima conexión con el hemisferio derecho en su conjunto. La empatía desempeña un importante papel en la imaginación, la creatividad, la capacidad de asombro religioso, la música, la danza, la poesía, el arte, el amor a la naturaleza, el sentido moral, el sentido del humor y la capacidad de cambiar de opinión. Las formas en que las diferencias hemisféricas afectan a lo que «hace» cada hemisferio son muy profundas.

Por desgracia, aunque los hemisferios deben cooperar entre sí, se encuentran en competencia, simplemente porque el hemisferio izquierdo adopta una visión de las cosas en la que cree saberlo todo, mientras que *no es* consciente de lo que sabe el hemisferio derecho. Porque, si bien cada hemisferio necesita del otro, el hemisferio izquierdo depende más del derecho que el derecho del izquierdo. Sin embargo, piensa exactamente lo contrario y cree que puede «ir a su aire». Creo que la batalla entre ambos hemisferios (que, en realidad, solo es una batalla desde el punto de vista del hemisferio izquierdo) explica la forma de la historia de las ideas en Occidente, así como la situación en la que nos hallamos en la actualidad.

CÓMO NUESTRO CEREBRO DIVIDIDO CONSTRUYE EL MUNDO

Pero volvamos ahora a la atención. Como ya hemos señalado, la atención es la base de nuestra experiencia del mundo. No es una «función» junto a otras funciones, sino el fundamento para que exista un mundo en el que puedan ejercerse dichas «funciones». Si bien es cierto que lo que observamos determina el tipo de atención que prestamos, también es cierto que el tipo de atención que prestamos determina lo que percibimos. La forma en que la realidad se convierte en realidad para nosotros es parecida al famoso cuadro de M.C. Escher *Manos dibujando*:

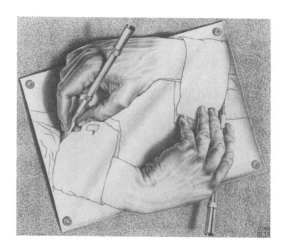

¿Qué revela de hecho, a propósito de las diferencias interhemisféricas, el crecimiento exponencial de la investigación en torno al cerebro en los últimos años? ¿Y qué tipo de mundo es el que crea para nosotros cada hemisferio? En este punto, voy a resumir de manera casi telegráfica y comprimida lo que sabemos al respecto. Todo lo que podemos decir es que, en mi opinión, las evidencias son extensas y convincentes. Las personas interesadas encontrarán la investigación pertinente, ofrecida más en detalle, en el libro *The Master and his Emissary*.

Como confirmación de que hay algo muy distinto en el funcionamiento de ambos hemisferios, tan solo señalaremos que, en el nivel existen diferencias en su estructura y funcionamiento en el nivel más básico. El hemisferio derecho es más largo, más ancho y, en general, más grande y pesado que el izquierdo: una constatación que se aplica a todos los mamíferos sociales.

Ambos hemisferios también difieren, en formas que tienen sentido desde el punto de vista de sus diferencias neuropsicológicas, en su sensibilidad a determinados neurotransmisores y neurohormonas, así como en la arquitectura y organización neuronal.

En primer lugar, la naturaleza de la atención propia del hemisferio derecho significa que todo lo que experimentamos nos llega primero –se «presenta» con una frescura no preconcebida– a dicho hemisferio. Las experiencias nuevas de cualquier tipo –ya se trate de música, palabras, estructuras imaginarias, objetos del entorno o incluso habilidades– nos llegan en primer lugar desde el hemisferio derecho, y el hemisferio izquierdo solo se ocupa de ellas más tarde, cuando ya nos resultan familiares. El hemisferio derecho es el que mejor relaciona las cosas: tiende a verlas en su conjunto, mientras que el izquierdo percibe las partes, algo que tiene algunas consecuencias. El hemisferio izquierdo suele ver las cosas más en abstracto, mientras que el derecho las percibe integradas en el contexto real en el que se producen. La consecuencia de esa situación es que el hemisferio derecho parece más capaz de apreciar la singularidad de las cosas que existen en realidad, mientras que el hemisferio izquierdo las esquematiza y generaliza asignándoles categorías. Pero, dado que buena parte de lo que importa en la experiencia depende en última instancia de que no se le despoje del contexto en el que cobra sentido, esta es una diferencia crucial. Cualquier experiencia artística y espiritual −quizá lo que es verdaderamente importante− solo puede tener un carácter implícito; el lenguaje, al tornar explícitas las cosas, reduce todo a la misma moneda usada y, como dijo Nietzsche, convierte en común lo extraordinario.

Existen numerosas pruebas de que el hemisferio izquierdo se adapta mejor a las herramientas y a todo lo que es inanimado, mecánico, similar a una máquina, y que él mismo ha fabricado: estas cosas son comprensibles en sus propios términos, porque fueron fabricadas por él, pieza a pieza, y son ideales para este tipo de comprensión. Por el contrario, el hemisferio derecho está adaptado a los seres vivos, que son flexibles, orgánicos, cambiantes y que no ha creado. Solo el hemisferio derecho parece ser capaz de apreciar la totalidad orgánica de una estructura fluida que varía con el tiempo, como en realidad ocurre con todos los seres vivos. De hecho, casi todos los aspectos de la apreciación del tiempo se encuentran en el hemisferio derecho. En cambio, el hemisferio izquierdo considera que el tiempo es una sucesión de puntos, el flujo una sucesión de momentos estáticos, como los fotogramas de una película. Todo, incluso la vida, se construye a partir de pedazos; y si no hay fragmentos claros, los inventará.

Por eso, no es de extrañar que el hemisferio derecho sea mucho más importante que el izquierdo a la hora de apreciar la música, que es orgánica, que fluye, que necesita ser apreciada como una totalidad y que existe casi enteramente en la «interrelación». El hemisferio izquierdo es capaz de apreciar el ritmo siempre que sea sencillo, pero poco más. La melodía, el timbre y, sobre todo, el ritmo dependen en buena medida del hemisferio derecho, al igual que los ritmos complejos, con tiempos cruzados y sincopados. (Los músicos profesionales son una excepción a esta situación de dependencia del hemisferio derecho, por una serie de posibles razones interesantes por sí mismas (véase *The Master and his Emissary*, pág. 75).

Podría decirse que la profundidad del campo visual es el equivalente visual de la armonía; el sentido de la profundidad también depende en buena medida del hemisferio derecho, en consonancia con el hecho de que el mundo del hemisferio derecho es un mundo del que no permanecemos aislados, sino con el que mantenemos una relación importante. En cambio, el hemisferio izquierdo tiende a ver las cosas planas, separadas de nosotros, como proyectadas en una pantalla.

Si bien ambos hemisferios participan en la expresión y apreciación de las emociones, la mayor parte de nuestra vida emocional se articula en torno al hemisferio derecho. La ira es la única emoción que se halla más asociada al hemisferio izquierdo. Si bien las emociones superficiales, conscientes o volitivas pueden estar facilitadas por el hemisferio izquierdo. Somos más expresivos con el lado izquierdo del rostro, gobernado por el hemisferio derecho; el hemisferio izquierdo es incapaz de reconocer expresiones faciales que manifiestan emociones o de comprender y recordar material emocional tan adecuadamente como el derecho. De hecho, el reconocimiento de rostros, la discriminación de su singularidad, la interpretación de sus expresiones, todo ello depende en gran medida del hemisferio derecho. Pero, por encima de todo, el hemisferio derecho es más empático: su postura hacia los demás es menos competitiva y se halla más en sintonía con la compasión y el compañerismo. Y, aunque puede gestionar perfectamente toda la gama completa de emociones, está mucho más sintonizado con la tristeza que el hemisferio izquierdo. La estrecha relación entre la empatía y la capacidad de sentir tristeza ha sido confirmada por estudios realizados en niños.

El hemisferio derecho está más interesado en lo que tiene relevancia personal «para uno mismo», y el hemisferio izquierdo, en lo que es impersonal. Sin embargo, el hemisferio derecho es más capaz de comprender lo que pasa por la cabeza de los demás y de empatizar con ellos que el izquierdo, que en este aspecto es relativamente autista. Nuestro sentido del yo es complejo, pero de nuevo el sentido de nosotros mismos como seres con un pasado y un futuro, como seres únicos con una historia que perdura en el tiempo, depende del hemisferio derecho. (La narrativa es apreciada por el hemisferio derecho, mientras que el izquierdo solo capta una masa de episodios discretos, que a menudo saca de contexto). El sentido de nuestro yo, identificado con nuestra voluntad consciente, puede estar más respaldado por el hemisferio izquierdo.

Durante los últimos cien años, hemos cobrado conciencia de que nuestra naturaleza corpórea influye en todo lo que hacemos, no solo en nuestros actos o sentimientos, sino también en nuestra capacidad de razonar, filosofar o dedicarnos a la ciencia. Los hemisferios tienen maneras distintas de entender el cuerpo. Solo el hemisferio derecho tiene una imagen global del cuerpo; el hemisferio izquierdo percibe que el cuerpo es un conjunto de partes, como si fuera un objeto en el espacio junto a otros objetos, pero no un modo de existir. Para el hemisferio derecho, vivimos el cuerpo; para el izquierdo, vivimos *en* él, de igual modo que conducimos un automóvil.

El razonamiento no se halla, ni mucho menos, confinado al hemisferio izquierdo, si bien el análisis secuencial sí que lo está en buena medida. El razonamiento deductivo, muchos tipos de procedimientos matemáticos y la resolución de problemas, así como el fenómeno de la percepción repentina de la naturaleza de una construcción compleja, parecen estar respaldados por el hemisferio derecho; de hecho, por áreas que, según la ciencia cognitiva, también intervienen en el «procesamiento» de las emociones.

El sentido intuitivo moral está estrechamente ligado a la empatía hacia los demás y parece depender de una zona del córtex frontal derecho que es disfuncional en la psicopatía. Por encima de todo, el hemisferio izquierdo es excesivamente optimista e irrealmente positivo en la autoevaluación; niega sus defectos, está irracionalmente seguro de que entiende cosas de las que tiene escaso conocimiento y es reacio a cambiar de opinión. En cambio, el hemisferio derecho ve más, pero es mucho más propenso a dudar de sí mismo, está más inseguro de lo que sabe y no tiene voz, ya que el centro motor del habla (aunque es importante que no todo el lenguaje) se ubica en el hemisferio izquierdo.

Si hubiera que caracterizar estas diferencias en su conjunto, sería algo como lo siguiente. La experiencia está siempre en movimiento, es ramificada e impredecible. Sin embargo, para que *conozcamos* algo, ese algo debe tener propiedades permanentes. Si todas las cosas fluyen y uno nunca puede sumergirse dos veces en el mismo río (la frase de Heráclito es, creo, una brillante evocación de la realidad central del mundo del hemisferio derecho), la experiencia siempre nos pillará desprevenidos: puesto que nada se repite, nada puede conocerse. Debemos encontrar la manera de solucionarlo sobre la marcha, alejándonos de la inmediatez de la experiencia y escapando del flujo.

De ahí que el cerebro deba atender al mundo de dos maneras distintas y, al hacerlo, cree dos mundos diferentes. En uno de ellos, en el del hemisferio derecho, *experimentamos* el mundo vivo, complejo y encarnado de seres individuales, siempre únicos, siempre en flujo, en una red de interdependencia que forma y reforma totalidades, un mundo con el que nos hallamos profundamente conectados. En el otro mundo, el del hemisferio izquierdo, «abordamos» nuestra experiencia de un modo especial: una versión «representada» de la misma, que contiene entidades estáticas, separadas, delimitadas, pero esencialmente fragmentadas, agrupadas en clases en las que es posible basar las predicciones. Este tipo de atención aísla, fija y hace explícita cada cosa al ubicarla bajo su foco. Pero, al hacerlo de ese modo, convierte las cosas en inertes, mecánicas y carentes de vida. Sin embargo, también nos permite por primera vez conocer y, en consecuencia, aprender y hacer cosas, lo cual nos infunde poder.

Estos dos aspectos del mundo no se oponen diametralmente entre sí. No son equivalentes, por ejemplo, a los puntos de vista «subjetivo» y «objetivo», conceptos que en sí mismos reflejan y son un producto de una determinada manera de estar en el mundo, y que, de hecho, de modo significativo, ya reflejan una «visión» del mundo de la que solo el hemisferio izquierdo es capaz. La distinción que intentamos establecer es entre la forma en que experimentamos el mundo de manera prerreflexiva, antes de que tengamos oportunidad de «verlo» en su conjunto o de dividirlo en fragmentos, un mundo en el que lo que más tarde llegamos a considerar como subjetivo y objetivo se mantienen en una suspensión que abarca cada «polo», juntos en su unidad; y, por otro lado, el mundo que estamos acostumbrados a pensar, en el que lo subjetivo y lo objetivo aparecen como polos separados. En su forma más simple, un mundo donde hay «interrelación» y otro mundo donde no la hay. Estas no son diferentes formas de *pensar acerca* del mundo, sino que son diferentes formas de estar en el mundo. Y su diferencia no es simétrica, sino fundamentalmente asimétrica.

Antes hemos señalado que no hemos desarrollado el lenguaje para comunicarnos, ni siquiera para pensar, sino para permitir cierto tipo de manipulación funcional del mundo. El lenguaje es como el mapa del general en el cuartel: una *representación* del mundo. Ya no está presente, sino que se «representa» literalmente *a posteriori*. Lo que ofrece es una ficción útil.

Creo que la diferencia esencial entre el hemisferio derecho y el izquierdo es que el hemisferio derecho presta atención al Otro: a lo que existe aparte de nosotros, con lo que se ve a sí mismo en profunda relación. Le atrae profundamente y le infunde vida la relación, la interrelación, que existe con ese Otro. Por el contrario, el hemisferio izquierdo presta atención al mundo virtual que ha creado, que es congruente con el yo pero independiente, desconectado en última instancia del Otro, lo que lo torna poderoso, pero también curiosamente impotente, porque en última instancia solo es capaz de operar sobre sí mismo y de conocerse a sí mismo.

LA PRIMACÍA DEL HEMISFERIO DERECHO

Volvamos el lector tal vez pregunte entonces: de acuerdo, existen dos formas distintas de concebir el mundo, pero ¿cómo sabemos que no son igualmente válidas? Yo digo que, si bien no son igualmente válidas, ambas son muy importantes; de hecho, son esenciales para nuestra capacidad de llevar una vida civilizada. Y hay muchas razones que lo explican.

En primer lugar, es interesante que, a finales del siglo XIX y durante el siglo XX, tanto las matemáticas y la física (por ejemplo, Cantor, Boltzmann, Gödel, Bohr) como la filosofía (pienso especialmente en los pragmatistas americanos, Dewey y James, y en los fenomenólogos europeos, Husserl, Heidegger, Scheler, Merleau-Ponty y el último Wittgenstein), aunque partiendo absolutamente de la premisa propia del hemisferio izquierdo de que el análisis secuencial nos conduce a la verdad, han terminado ofreciendo resultados que se aproximan mucho más —y, de hecho confirman, su validez− a la forma de entender el mundo del hemisferio derecho, no del izquierdo. Esto es en sí mismo un hecho notable, ya que, en términos generales, las ideas preconcebidas con las que se empieza determinarán el punto donde se concluye.

Pero también hay otros indicios. Una amplia atención vigilante debe preceder al hecho de centrarnos en una parte del campo. En lugar de forjar el todo a partir de los distintos fragmentos, vemos el conjunto antes que las partes. Experimentamos el todo al principio con el hemisferio derecho, pero no con el izquierdo. El lenguaje se origina en el cuerpo y es implícito: no funciona como algo explícito a nivel abstracto. Los afectos son primarios y son el resultado de un cálculo basado en la evaluación cognitiva de las partes. Como ha demostrado Libet (1985), la voluntad inconsciente, más estrechamente ligada al funcionamiento del hemisferio derecho, está muy por delante de cualquier cosa de la que pueda conocer nuestra consciencia verbalizadora explícita (Kornhuber y Decke, 1965). El análisis minucioso de la relación existente entre el habla y los gestos muestra que tanto el pensamiento como su expresión se originan en el hemisferio derecho, no en el izquierdo. La representación se basa necesariamente en una «presencia» anterior. Incluso el modo de funcionamiento del propio sistema nervioso es más congruente con el hemisferio derecho que con el izquierdo.

Lo que ofrece el hemisferio izquierdo es, por tanto, un proceso valioso pero intermedio, que consiste en «desempaquetar» lo que hay y devolvérselo al hemisferio derecho, donde puede volver a integrarse en el conjunto de la experiencia, del mismo modo que la minuciosa fragmentación y el análisis de una sonata en la práctica son reintegrados por el pianista en la interpretación a un nivel en el que ya no es consciente de ello.

En cualquier caso, así es como ambos deberían trabajar al unísono: el emisario informando al maestro, que es el único capaz de percibir el panorama más amplio. Pero el racionalismo consecuente del hemisferio izquierdo le ha convencido de que no necesita preocuparse por lo que sabe el hemisferio derecho: cree que maneja toda la información, lo cual presenta tres grandes ventajas. En primer lugar, controla la voz y los medios de argumentación: las tres «eles» −lenguaje, lógica y linealidad− están en última instancia sometidas al control del hemisferio izquierdo. Es como ser el Berlusconi del cerebro: un peso pesado de la política que controla los medios de información. Y, por descontado, tendemos a escuchar más lo que tiene que decirnos. En segundo lugar, el mundo autocoherente de las ideas y la teoría pura es parecido a una sala de espejos: todos los intentos de escapar son desviados de nuevo hacia el interior. Los principales caminos que pueden conducirnos más allá son la sabiduría intuitiva encarnada en la tradición, la experiencia del mundo natural, las artes, el cuerpo y la religión. Pero, por supuesto, estos se ven vaciados de su fuerza por el impacto la abstracción racionalizadora e irónica del mundo de las representaciones autocoherentes que produce el hemisferio izquierdo, con lo que la presencia viva deja de ser accesible. Y, en tercer lugar, existe una tendencia al *feedback* positivo: en lugar de restablecer el equilibrio, obtenemos más de lo mismo.

Lo que nos conduce a la razón por la que no podemos considerarlo un mero interés académico. Creo que el mundo en que vivimos refleja cada vez más la visión del hemisferio izquierdo.

EL TRIUNFO DEL HEMISFERIO IZQUIERDO

En la segunda parte de *The Master and his Emissary* («Cómo el cerebro modela nuestro mundo»), reviso la evolución de la cultura occidental, comenzando en el mundo antiguo con el extraordinario florecimiento de la cultura en la Atenas del siglo VI a.C., donde, me parece, los dos hemisferios trabajaron en armonía como nunca antes ni después; después, el declive asociado al ascenso del hemisferio izquierdo durante el Imperio romano tardío; y luego, a su vez, los cambios sísmicos que denominamos Renacimiento, Reforma, Ilustración, Romanticismo, Revolución Industrial, Modernismo y Postmodernismo. Creo que representan una lucha de poder entre ambas formas de experimentar el mundo, si bien hemos terminado siendo prisioneros de una sola de ellas: la forma del hemisferio izquierdo.

Llevemos a cabo ahora un experimento mental. ¿Qué ocurriría si el hemisferio izquierdo se convirtiera en el único proveedor de nuestra realidad?

En primer lugar, la imagen completa sería inalcanzable: el mundo se convertiría en una acumulación de fragmentos. Su único significado vendría dado por la posibilidad de ser utilizado. Y ese estrechamiento de la atención conduciría a una creciente especialización y tecnificación del conocimiento, lo cual, a su vez, promovería la sustitución de la información, y la recopilación de información, por el conocimiento derivado tan solo de la experiencia. El conocimiento, a su vez, parecería más «real» que lo que llamamos sabiduría, que sería demasiado nebuloso, algo que nunca sería aprehendido. El conocimiento derivado de la experiencia y la adquisición práctica de la habilidad encarnadas se convertirían en sospechosos, por parecer una amenaza o simplemente incomprensibles. Se sustituirían por fichas o representaciones, por sistemas formales que se acreditarían tan solo mediante diplomas.

Se produciría el incremento simultáneo de la abstracción y la cosificación, por lo que el propio cuerpo humano y nosotros mismos, así como el mundo material y las obras de arte que creamos para comprenderlo, se volverían más conceptuales y, sin embargo, se considerarían meros objetos. El mundo en su conjunto se tornaría más virtual y nuestra experiencia de él sería cada vez más mediada por meta-representaciones de un tipo u otro; menos personas se encontrarían haciendo un trabajo que implicase el contacto con algo en el mundo real, «vivido», en lugar de con planes, estrategias, papeleo, gestión y procedimientos burocráticos.

Se perdería por completo el sentido de la singularidad. Cada vez más, lo vivo se modelaría de acuerdo a lo mecánico, lo cual también afectaría a la forma en que las burocracias tratarían las situaciones humanas y la sociedad en general. Las situaciones de tipo «uno u otro» tenderían a ser sustituidas por cuestiones de grado, y se produciría una cierta inflexibilidad.

Asistiríamos a la derogación de los valores superiores y un cinismo sobre su estatus. La moral pasaría a ser juzgada, en el mejor de los casos, sobre la base del cálculo utilitario y, en el peor, desde el punto de vista del interés propio.

Lo impersonal sustituiría a lo personal. La atención se centraría en los objetos materiales a costa de la vida. La cohesión social y los lazos entre personas —e igual de importantes, entre personas y lugares, el contexto al que pertenece cada individuo– se verían descuidados, tal vez interrumpidos activamente, porque ambos son inconvenientes e incomprensibles para el hemisferio izquierdo que actúa por su cuenta. Se produciría una despersonalización de las relaciones entre los miembros de la sociedad, así como de la relación de la sociedad con sus miembros. La explotación en lugar de la cooperación sería, explícitamente o no, la relación por defecto entre los seres humanos y entre la humanidad y el resto del mundo. El resentimiento llevaría a hacer hincapié en la uniformidad y la igualdad, no como un deseo que debe equilibrarse con los demás, sino como el deseo supremo que trasciende a todos los demás.

El hemisferio izquierdo es incapaz de confiar, siendo propenso a la paranoia. Necesita sentir que tiene el control. Sería de esperar que el gobierno se obsesionase con las cuestiones de seguridad por encima de todo y buscase el control total.

La razonabilidad sería sustituida por la racionalidad, y tal vez el propio concepto de razonabilidad llegaría a ser ininteligible. El sentido común fracasaría por completo, ya que es intuitivo y depende del trabajo armónico de ambos hemisferios. Cabría esperar una pérdida de perspicacia, unida a una falta de voluntad para asumir responsabilidades, lo que reforzaría la tendencia del hemisferio izquierdo a un optimismo quizá peligrosamente injustificado. Se produciría un aumento de la intolerancia y la inflexibilidad, falta de voluntad de cambio o de cambiar de opinión.

Sería de esperar que asistiéramos a un resentimiento y un debilitamiento deliberado de la sensación de asombro o victoria: el mundo «desencantado» de Weber. La religión sería mera fantasía. El arte se vería conceptualizado, cerebralizado; irónicamente, la belleza sería erradicada de la existencia

Nuestra cultura descartaría por completo las formas tácitas de conocimiento. Habría una notable dificultad para comprender el significado no explícito y una degradación de la comunicación no verbal e implícita. De manera paralela, se produciría un aumento de la explicitud, respaldado por una legislación cada vez mayor, lo que De Tocqueville predijo como una «red de pequeñas reglas complicadas» que terminarían estrangulando la democracia (De Tocqueville, 2003, págs. 723-724). A medida que fuera menos posible confiar en un sentido moral compartido e intuitivo o en contratos implícitos entre individuos, esas normas se harían cada vez más onerosas. Habría menos tolerancia y menos aprecio por el valor de la ambigüedad. Tenderíamos a ser demasiado explícitos en el lenguaje que utilizamos para abordar el arte y la religión, lo que iría acompañado de una pérdida de su poder vital, implícito y metafórico.

¿Les suena? En términos de la fábula con la que empezamos este pequeño libro, el emisario, carente de profundidad en su visión, parece creer, como siempre, que es capaz de verlo y de hacerlo todo. Pero no puede: por sí solo es como un zombi, un sonámbulo que camina hacia el abismo silbando una alegre melodía.

BIBLIOGRAFÍA

Cerella, J. «The pigeon's analysis of pictures», *Pattern Recognition*, 12 (1), 1980, págs. 1-6.

Cutting, J. *The Right Cerebral Hemisphere and Psychiatric Disorders*. Oxford University Press, Oxford, 1990.

Kornhuber, H.H., y Decke, L. «Hirnpotentialänderungen bei Willkürbewegungen und passiven Bewegungen des Menschen: Bereitschaftspotential und reafferente Potentiale», *Pflügers Archiv European Journal of Physiology*, 284, 1965, págs. 1-17.

Libet, B. «Unconscious cerebral iniciative and the role of the conscious will in voluntary action», *Behavioural and Brain Sciences*, 8 (4), 1985, págs. 529-539.

Matsukawa, A., Inoue, S., y Jitsumori M. «Pigeon's recognition of cartoons: Effects of fragmentation, scrambling, and deletion of elements», *Behavioural Processes*, 65 (1), 2004, págs. 25-34.

McGilchrist, I. *The Master and his Emissary: The Divided Brain and the Making of the Western World*, Yale University Press, New Haven, 2009.

Needleman, J. *What Is God?* Penguin, Nueva York, 2009.

Rose-Stockwell, T. «This is how your fear and outrage are being sold for profit: The story of how one metric has changed the way you see the world», *The Mission*, 15 de julio de 2017. https://medium.com/the-mission/the-enemy-in-our- feeds-e86511488de

Tocqueville, A. de. *Democracy in America*, trad. H. Reeve y E.W. Plaag. Nueva York: Barnes & Noble, 2003. [Versión en castellano: *La democracia en América*, Ediciones Akal, Madrid, 2007-2017].

Watanabe, S., Sakamoto J., y Wakita, M. «Pigeons' discrimination of paintings by Monet and Picasso», *Journal of the Experimental Analysis of Behaviour*, 63 (2), 1995, págs. 165-174.